Modèles de Rédaction

pour Jeunes Enfants
de 8 à 13 ans

Caron Gangoo

First Published in September 2020

ISBN: 978-93-90396-45-0

BLUEROSE PUBLISHERS
www.bluerosepublishers.com
info@bluerosepublishers.com
+91 8882 898 898

Cover Design:
Molly Mittal

Typographic Design:
Saurabh Yadav

Distributed by: BlueRose, Amazon, Flipkart, Shopclues

Avant-Propos

Ce livre a pour « modeste » ambition de donner le goût de la lecture et de la découverte d'autres cultures aux enfants.

Les textes se veulent simples mais avec un vocabulaire varié. Les tournures de phrases et descriptions en images ont pour but d'initier les enfants à l'écriture de la langue française tout en leur inculquant les bases de la culture générale.

Au départ, ce manuel avait pour but d'aider les enfants de la République de l'île Maurice. Cette motivation m'étant apparue comme des plus égoïste et injuste, je souhaite que le maximum d'enfants qu'ils soient de pays francophones ou non, en bénéficient. En ces temps troubles, l'amour de la langue française est le meilleur ciment pour notre lutte commune de retrouver ne serait-ce qu'un semblant de « normalité ». J'espère que la lecture et les exercices de ce livre vous seront aussi instructifs qu'agréables.

Caron Gangoo

TABLE DES MATIERES

1. Les Fourmis Légionnaires

S'il y a bien une chose qui fait peur, …non…. qui terrifie tous les animaux de la forêt, c'est bien l'armée impitoyable du plus méthodique et impitoyable des prédateurs : les 200 espèces différentes de FOURMIS LEGIONNAIRES !...

Aveugles, les fourmis ouvrières et soldats possèdent des mandibules acérées et coupantes comme un rasoir. Pour se reconnaître entre elles et s'orienter, les Marabuntas secrètent une substance odorante nommée Phéromone.

Leurs grandes antennes articulées leur servent à détecter et se repérer grâce à ces phéromones. Dirigées par une énorme reine unique, les fourmis légionnaires ou Marabuntas vivent dans des colonies de plusieurs millions d'individus en Amérique du Sud et en Afrique. Elles sont si nombreuses qu'elles consomment jusqu'à 500 000 proies par jour !

Les Marabuntas envoient des éclaireurs pour repérer le territoire où la nourriture est la plus abondante. Se déplaçant comme une véritable colonne militaire de 20 mètres de large sur 100 mètres de long, elles chassent les araignées, les vers de terre, les larves allant jusqu'à consommer des œufs de tortue entre autres ! Les ouvrières de cette minuscule mais innombrable armée de plus de 15 millions d'individus peuvent transporter jusqu'à 3,000 proies par heure !

Les Marabuntas ne s'arrêtent que pendant 51 jours juste pour prendre soin des millions d'œufs qui ont été pondus par la Reine. Les fourmis légionnaires protègent, comme la prunelle de leur œil unique, leurs œufs contre les attaques des prédateurs dans des « nids vivants ». Ceux-ci sont faits de millions de fourmis accrochées solidement les unes aux autres. Elles peuvent aussi entrer en guerre contre d'autres colonies de Marabuntas au cours d'épiques batailles souterraines pour défendre ou conquérir de nouveaux terrains de chasse. La survie de la colonie en dépend !

Les œufs deviennent d'abord des larves. Ensuite celles-ci s'entourent d'un cocon pendant 20 jours pour devenir des nymphes. Cette étape intermédiaire est essentielle avant de prendre leur forme définitive d'ouvrières, soldats, voire de Reines où de mâles. Seuls à être pourvus d'ailes, leur rôle est de chercher et trouver des reines afin de les féconder pour perpétuer leur colonie.

2. Les "Peaux-Rouges"

Ecoutez bien les murmures du vent dans les grandes plaines d'Amérique du Nord : vous entendrez des noms mystérieux et étranges : Arapahos, Cheyennes, Cherokees, Kiowas, Comanches, Apaches, Nez-Percés et bien d'autres encore...Ce sont les Indiens d'Amérique connus sous le nom de "peaux-rouges".

Les tribus d'indiens vivaient en totale harmonie avec la nature en respectant les esprits de leurs Ancêtres et surtout leur Dieu : le Grand Esprit. Pour se nourrir, les indiens chassaient les grands troupeaux de bisons, des animaux plus rapides et plus forts que des bœufs ! Les indiens connaissaient absolument toutes les espèces d'animaux, les plantes ainsi que les territoires où ils pouvaient trouver les bisons en abondance. Alors, les chasseurs filaient comme le vent sur leurs petits mustangs, chevaux rapides capables de courir sur de grandes distances. Leurs flèches manquaient rarement leurs cibles... Quand la chasse était bonne, les hommes dansaient toute la nuit, vêtus de grandes coiffures multicolores décorées de plumes d'oiseau. Le chant des femmes les accompagnait en remerciant le Grand Esprit. Les peaux rouges chassaient le strict nécessaire parce qu'ils mettaient du sel dans la viande pour la conserver longtemps pendant les longs et froid hivers. La peau des bisons tués était nettoyée et tannée par les femmes. Le cuir obtenu servait à confectionner des mocassins, des vêtements et même les tentes où habitaient les indiens ! Pour communiquer sur de longues distances, ils utilisaient des signaux de fumée. L'écorce de certains arbres leur servait de lessive. Leur Shaman guérisseur connaissait les plantes qui soignent.

L'avidité de l'homme blanc a fait disparaître ces valeureux guerriers. Mais si vous observez bien quand le soleil se lève sur les grandes plaines, vous les verrez filer comme le vent et entendrez leurs chants....

3. Danger pour la Terre !

Nous les hommes ne sommes jamais satisfaits ! Nous voulons TOUT avoir TOUT de suite : vêtements, téléphones portables, électroménager, voitures, meubles…la liste est interminable !!! Nous agrandissons nos maisons pour les remplir encore plus. Nous construisons notre petit monde et fermons nos portes en croyant que posséder encore, toujours plus, nous rendra heureux ! Non seulement nous oublions notre mère La Terre mais nous lui faisons beaucoup de mal. Les forêts, les fleurs ne sont pas justes magnifiques mais grâce à la chlorophylle, purifient l'air que nous respirons.

Nous les hommes nous empoisonnons l'air avec la fumée de nos usines, de nos voitures, de nos déchets (surtout le plastique" que nous brûlons). Pire encore, nous détruisons les forêts, habitats de nombreux animaux variés ! Nous ne respectons pas plus la mer quand des bateaux déversent du pétrole, tuant les poissons et même les oiseaux marins. Sans oublier quand nous creusons le fond des mers pour piller, saccager encore et encore les richesses de Mère Nature…

Nous les hommes nous avons même réussi à faire fondre la banquise au Pôle Nord !

Mais maintenant Mère Nature s'est retournée contre nous : inondations, vagues de froid ou de chaleur, tremblements de terre, tornades et cyclones, de plus en plus fréquents, de plus en plus violents !

L'Ile Rodrigues a pris la courageuse et difficile décision de vivre autrement en bannissant le plastique.

Il a fallu que le Covid 19 nous stoppe, nous les hommes, pour que Notre Mère la Terre respire à nouveau......

4. Le Vélo de Toto

Aussitôt qu'il rentre de l'école, Toto balance son cartable par terre et se précipite vers son Vélo-Tout-Terrain. Soudain il s'arrête net comme s'il était rentré dans un mur invisible ! Toto tombe à genoux et se met à pleurer !

Il sanglote si fort que maman quitte sa cuisine en courant pour voir ce qui arrive á son fils. Elle le prend alors dans ses bras. Papa arrive alors en courant car lui aussi a entendu Toto depuis son atelier. Il regarde le vélo de Toto et voit que la roue arrière est complètement dégonflée !

Papa prend donc le vélo et l'emmène dans son atelier derrière la maison. Quand enfin Toto rejoint Papa, celui-ci a déjà démonté le pneu arrière. Puis il enlève la chambre à air où un clou a fait un joli trou. Avec patience, papa nettoie avec une éponge humide autour du trou. Il prend un chiffon de sa boîte à outils et essuie soigneusement autour du trou. Ensuite il lime le trou avant d'y coller une petite rondelle de caoutchouc appelée "rustine".

Enfin il regonfle la chambre à air avec une pompe vélo et la trempe dans une cuvette d'eau. Papa explique à Toto qu'en cas d'une fuite, des bulles apparaissent dans l'eau.

Mais ici, aucune bulle d'air : donc la chambre à air ne laisse pas passer l'air et il n'y a plus de fuites. En un clin d'œil, papa dégonfle la chambre à air, la remet dans la roue qu'il regonfle avant de la remonter sur le vélo.

Fou de joie, Toto enfourche son V.T.T et sort du garage à toute vitesse...avant de tomber sur maman ! Elle tient le cartable de Toto et elle n'a pas l'air, mais alors vraiment pas contente du tout !!!

Décidément, pauvre Toto : ce n'est vraiment pas ton jour !!!

5. Rita au Marché

Aujourd'hui Rita et sa maman s'en vont au marché. Très tôt le matin, elles ont pris le bus et sont maintenant devant le marché.

Dès qu'elle pénètre dans le bazar, Rita est prise dans un brouhaha assourdissant !

Les marchands de légumes interpellent, plutôt crient sur les clients ! Ils vantent la qualité, la fraîcheur mais surtout le prix imbattable de leurs produits. Les clients, eux, se bousculent pour acheter les meilleurs produits aux meilleurs prix. Rita a du mal à suivre maman qui semble flotter : Elle se faufile dans cette foule colorée et bruyante avec grâce et agilité.

Maman négocie pouce par pouce avec les marchands, examine les produits avec soin tout en disant bonjour à des amies. Les légumes forment comme un tableau multicolore et odorant : le rouge des pommes d'amour contraste avec le vert des laitues, le pourpre des aubergines et le jaune des giraumons. Le parfum des épices embaume l'air et se mêle à l'odeur du pain frais et des gâteaux frits qui chatouillent les narines de Rita !

Il faut dire que le panier de courses qu'elle porte pour aider maman devient de plus en lourd : cela lui demande plus d'effort et l'effort ça donne faim !

Maman l'a bien compris et sourit...

Mais avant de faire plaisir à Rita, elle fait un détour chez le poissonnier pour choisir un beau poisson pour le dîner...et chez le marchand de fleurs pour ramener un joli bouquet à la maison.

6. La Lecture

La cour de l'école. Le royaume d'Akashi, le garçon qui ne peut pas tenir en place…surtout pas en classe !!! En ce moment, il fonce vers le but, ballon au pied, dribble un, deux, trois avant de tirer… et de rater son tir !!!!

Par contre il n'a pas raté Rani... Bien au contraire !! Akash a envoyé le ballon directement sur le livre que la petite fille lisait tranquillement sous un arbre. Le ballon atterrit finalement… dans le bureau du maître d'école cassant au passage le verre de la fenêtre !

Déconfit, Akash va vers Rani :

"Excuse-moi. Je n'ai pas fait exprès..." Dit-il

"Tu m'as dérangé dans ma lecture ! Tu déranges aussi la classe souvent !" répond Rani furieuse !

"Lire !??! Ça sert juste pour faire les devoirs. Jouer c'est super !" persiste Akash

"Ah bon !!!!! Quand tu lis, tu vas où tu veux : dans le fond des océans, sur les bords d'un volcan, en pleine forêt, dans l'espace ! Tu peux même découvrir l'Amérique avec Christophe Colomb, vivre les folles aventures des Quatre Mousquetaires ou marcher sur la lune avec Neil Armstrong ! Tu voyages par la pensée sans limites : Tu es LIBRE !!"

Akash reste bouche bée !!!!Quand il voit Rani parler de la lecture avec des yeux si brillants, il en presque jaloux...

"Apprends-moi à lire comme toi alors..." dit-il embarrassé

" Promets de ne plus faire de bruit en classe et surtout de ne plus envoyer le ballon sur les autres !"

" Bon...bon…d'accord…d'accord !"

"Très bien. Maintenant viens avec moi au bureau."

"Mais le maître d'école va me punir ! "dit Akash effrayé.

"Je vais t'aider à t'excuser et peut-être que maître d'école sera indulgent et te pardonnera..."

"Merci Rani. Tu es une vraie amie."

7. Vikram le Vent

En route pour participer aux jeux inter-écoles primaires, Vikram est perdu dans ses pensées.

Il se rappelle comment ses parents l'ont encouragé à s'inscrire à l'épreuve Reine des jeux : le « 100 mètres ». Depuis presque 3 mois, son papa l'a entraîné sur le terrain de football situé près de chez lui. Maman lui a fait de bons petits plats et l'a même souvent massé pour détendre ses jambes.

Le bruit de la foule dans les gradins du stade le tire brusquement de sa rêverie. C'est le Grand Jour. Pas le droit de reculer ou d'échouer. Pourtant lorsque Vikram défile devant le public avant de se ranger en rang avec les autres athlètes face aux gradins, il sent son estomac se nouer et commence à douter.

Vikram reste dans son coin. Le petit garçon a de plus en plus peur au point qu'il cherche à fuir loin de cette foule. Soudain il voit sa mère et elle lui tend les bras. Elle le serre fort contre elle, lui prend les deux mains et le regarde dans les yeux comme pour lui dire : « TU PEUX LE FAIRE !!».

Au même moment l'appel pour la course retentit !

Le cœur battant à toute allure, Vikram va se mettre en position, un genou à terre et les deux mains sur la ligne.

L'officiel lève le pistolet de Starter... et c'est le DEPART !!!!

Vikram bondit comme un jaguar et se lance à la poursuite d'un garçon à dossard bleu devant lui !

La ligne d'arrivée se rapproche à toute vitesse et il n'entend même pas la foule debout qui hurle son nom !

Vikram est au coude à coude avec son adversaire et tous les deux foncent vers la victoire !!!! Qui va gagner ? Le suspense est insoutenable pour les parents de Vikram !!!

Dans un dernier effort surhumain, Vikram dépasse son adversaire de quelques centimètres........et passe la ligne d'arrivée en premier !!! Vikram vit alors un rêve éveillé : ses camarades (et même le garçon au dossard bleu) le portent sur leurs épaules en triomphe sur la plus haute marche du podium.

Et quand il reprend ses esprits, il est chez lui avec une belle médaille dorée au cou !!!

Vikram a réussi parce qu'il s'est battu et qu'il n'a jamais abandonné...

8. La Magie du Verre

Aujourd'hui, toute la famille passe la journée à la plage. Les enfants courent sur la plage et se jettent dans l'eau en riant ! Robin et Angeline construisent un grand château de sable. Amusé, papa les observe assis à côté et leur lance : "Les enfants, vous savez qu'on fabrique le verre avec du sable ?"

Les enfants s'arrêtent net de jouer et viennent s'asseoir devant papa.

Angeline qui adore écouter papa dit : "C'est vrai papa !?! Explique-nous comment."

"Bien sûr que c'est vrai. Depuis presque 5,000 ans le verre est fabriqué à 70 % avec la SICILE que contient le sable. Les artisans vitriers mélangent à ce "vitrifiant" 20 % de SOUDE, le <u>fondant</u> qui permet au verre de fondre plus vite..." commence papa.

"Quoi ! Le verre aussi fond comme quand maman met du fromage sur les macaronis au four !??!"interrompt Robin toujours impatient.

"Eeeuuuh… ! Oui, répond papa en souriant, en fait tu as parfaitement raison parce que le mélange doit être mis dans un four spécial à plus de 1,100 degrés ce qui bien plus chaud que le four de maman ! Mais attention, il ne faut pas oublier le dernier élément qui renforce le verre : La CHAUX !"

"Ensuite papa, qui travaille le verre ?" questionne Angeline.

"Ce sont de véritables artistes qui manipulent le verre liquide pour lui donner différentes formes, tailles en y ajoutant des métaux colorés ou brillants entre autres."

" Mais même les carreaux des fenêtres ou les vitres des voitures sont produits comme ça ???"S'étonne Robin.

"Ah non ! Il existe différents types de verre par exemple des verres qui retiennent la chaleur ou qui se brisent en petits morceaux en cas d'accident pour éviter des blessures graves...La "recette" du verre reste la même. Ce sont les méthodes de fabrication qui changent." précise papa.

Maintenant vous pouvez aller jouer parce que vous connaissez le secret du sable !!

9. La Tour qui Penche

"Ddrrrrrriiiiinnnggg! Dddrriiiinnnnggggg !!!!"

Dès que Robin entend le klaxon du facteur, il court prendre le courrier. En effet sa tante a promis de lui écrire d'Italie, un pays lointain en Europe. Et elle a tenu sa promesse car Maman voit le petit garçon revenir avec une carte postale dans les mains.

Pourtant, le petit garçon marche de façon bizarre...la tête penchée et de plus en plus doucement...jusqu´à presque se prendre les pieds dans le sofa ! Un peu étourdi, il donne la carte à maman.... qui éclate de rire!!

"Maman, la carte est mal imprimée ! Regarde : le bâtiment penche comme s'il allait tomber !!!"fait-remarquer Robin.

"Ce n'est pas n'importe quel bâtiment puisque c'est la TOUR de PISE !

"PISE ? Jamais entendu parler !"

"PISE est une cité située en Toscane, province située sur la côte italienne vieille de 2,000 ans. Elle est très aimée et visitée par les touristes ses nombreux monuments historiques, notamment la Tour de Pise. Tiens une devinette : d'après toi, il a fallu combien de temps pour la construire?

" Dix ans parce que autrefois, il n'y avait pas les machines, les ordinateurs, internet ! "dit Robin avec assurance !

"177 ANS mon grand ! D'août 1173 (après J.C) jusqu'en 1350. Faite de marbre blanc, sa hauteur est de 58.36 mètres pour un diamètre de 15.5 mètres à la base... Elle pèse 14 453 tonnes et compte 293 marches. La Tour a été construite sur un terrain marécageux et riche en eau. C'est pour ça qu'elle s'enfonce et penche d'un peu plus de trois degrés vers le Sud."

Robin est stupéfait et reste bouche bée : "Mais ...mais pourquoi Elle ne tombe pas !!Elle aurait dû tomber depuis longtemps !!!!"

"En effet, grâce à d'importants travaux en 1993, la Tour a pu être consolidée avec d'énormes blocs de plomb et d'épaisses barres de métal !!"

"Waow !!!" Cette Tour de Pise est un vrai Tour de Force maman ! "S'exclame Robin.

10. La Baleine Bleue

Depuis qu'il est arrivé au musée de Port-Louis avec sa classe, Jean ne peut détacher ses yeux de la Baleine Bleue." Même si ce n'est qu'une figurine, la baleine est à la fois imposante, majestueuse et si belle !" S'émerveille le petit garçon."

Le conservateur du musée le tire de sa rêverie.

"Je vois que tu t'intéresses à la Reine des Océans. Souhaites-tu mieux la connaître ?"demande-t-il au petit garçon.

Les yeux brillants, Jean acquiesce de la tête.

" La première chose à savoir est que le Rorqual Bleu ou Baleine Bleue est un MAMMIFERE comme l'homme ou le bœuf et NON un POISSON : cela veut dire qu'elle allaite ses nouveau-nés. Il existe cinq espèces différentes de baleine bleue, qui peut mesurer jusqu'à 30 mètre pour un poids maximum de190 tonnes ! Notre amie la baleine est donc le plus grand être vivant sur Terre ! À titre de comparaison, elle est aussi longue que DEUX AUTOBUS à L'IMPERIALE !!! Son énorme taille lui permet de parcourir toutes les mers du globe à la recherche de nourriture."

Stupéfait, Jean arrive à demander : "Mais où est-ce que le Rorqual trouve autant à manger ?!? "

"Tout d'abord sache qu'il y a deux sortes de baleines : "à dents" et "à fanons".

La Baleine Bleue est munie de fanons qui fonctionnent comme des grilles. Ceux-ci retiennent les dizaines de milliers de Krill (minuscule poisson) que le Rorqual ingurgite chaque jour tout en rejetant l'eau de mer."

"Comme un tamis, une épuisette ou un passe-thé "dit Jean.

"Bravo mon jeune ami ! Tu es très intelligent ! Il y a toute une multitude de baleines qu'il est vital de protéger contre l'avidité des hommes ! Elles étaient sur le point de disparaître au XXème siècle et il en reste très peu aujourd'hui. C'est donc à vous la nouvelle génération de protéger notre planète et les êtres vivants qui l'habitent."

Pour Jean, la cause est entendue : la Terre pourra compter sur lui !!!!

11. Le Garçon qui Marchait dans sa Tête

Le bruit caractéristique des roues dans les couloirs de l'école précède l'arrivée de "l'handicapé"... Les filles ricanent sur son passage alors que les garçons tournent autour du fauteuil roulant en courant très vite, pour bien faire comprendre à Roy qu'eux sont "normaux"... Même en classe, le garçon est la cible de toutes les moqueries, avions et boulettes de papier...entre autres !

Jusqu'au jour où une voix s'élève contre l'injustice !!!

"ASSEZ !! Vous n'avez pas HONTE !! C'est tellement facile de s'en prendre à quelqu'un sans défense !!" dit Teschika en se levant brusquement de son pupitre.

"SILENCE les enfants !!! Je vous observe depuis un moment pour me rendre compte qu'il est plus facile de rejeter ceux qui sont différents que de les accepter... Alors, pour vous apprendre ce qu'est la tolérance, nous ne sortirons de la classe ni pendant la récréation ni à la fin des cours. Toute la classe restera pendant une heure supplémentaire et comptez sur moi pour expliquer à vos parents pourquoi !!! Bien sûr Roy, tu pourras quitter la classe à la sonnerie !"dit le maître furieux !!!

Mais Roy lève la main pour demander la parole. Le maître acquiesce : "Avec votre permission Monsieur, je souhaite partager la punition de mes camarades car je fais aussi partie de cette classe. Nous sommes une équipe."

À ces mots, beaucoup baissent la tête rouge de honte...

"Merci Roy pour cette leçon de courage et de noblesse. Qu'il en soit ainsi..."

À la fin de la punition, alors que Teschika se prépare à quitter la classe, elle entend crier son nom. Elle se retourne et voit Roy qui pousse son fauteuil vers elle.

" Merci beaucoup de m'avoir défendu. Tu sais, je travaille dur pour pouvoir aider les personnes autrement capables plus tard. Même si mes jambes sont inertes, je veux avancer encore et toujours plus loin pour changer les choses...C'est difficile mais je me battrai jusqu'au bout pour y arriver !"

12. Les Jardins Suspendus... de Babylone ?

La légende des Jardins où les arbres et leurs fruits semblent flotter dans les airs a enflammé l'imagination des hommes pendant des siècles. Des fouilles ont été entreprises dans la cité disparue de Babylone située près de Bagdad, capitale de l'actuelle Irak …. Mais hélas sans succès.... Mais tout récemment, le voile s'est levé sur ce mystère Des sculptures ainsi fresques ont récemment retrouvés sur différents sites et objets historiques …

La réalité est beaucoup plus impressionnante et incroyable que la légende....

Pour retracer les Jardins vieux de trois millénaires, il a fallu déchiffrer une des plus complexes et riches écritures de l'Histoire : les inscriptions en Cunéiforme sur des tablettes et pierres coniques extrêmement vieilles… Vraisemblablement, les Jardins ont été construits à Ninive (gigantesque mégapole antique située au Nord de Bagdad, la capitale de l'Irak). Assisté d'ingénieurs géniaux, Sennachérib, roi Assyrien, a enfanté un chef d'œuvre né de l'union entre la démesure et sa folle passion des plantes... !!

Pensez donc : transporter 300 tonnes d'eau quotidiennement des montagnes jusqu'à Ninive sur 95 kilomètres en plein désert par des canaux de pierre de 100 mètres de largeur sur 20 mètres de profondeur…tout en gardant une pente constante de 1 mètre tous les 1000 mètres relève de la folie…et du génie !

Mieux encore : utiliser des « vis sans fin » ou « vis d'Archimède (une spirale autour d'un cylindre fixé dans des tuyaux de cuivre et de bronze 300 ans avant Archimède !) pour irriguer <u>en permanence</u> les terrasses des Jardins luxuriants en faisant 300 tonnes d'eau "escalader" des aqueducs (500 ans avant l'empire romain !) tient du prodige technique ... Sans carte, sans ordinateur, sans satellite, sans « smartphone » 700 ans avant notre ère !!!

Aujourd'hui disparus, Les Jardins suspendus restent PARMI LES SEPT MERVEILLES DU MONDE les plus mythiques !!!

13. Papa, On a Perdu PLUTON !!!

Toto entre dans la maison en trombe tout en criant : "Papa, on a perdu Plutôt, non PLUTON !!!!". Abasourdis, papa et maman regardent Toto sans comprendre pendant que celui-ci reprend son souffle.

"Vas-y : explique-nous calmement." dit papa.

"Notre professeur nous a dit qu'avant, pluton était la neuvième planète du Système Solaire. Mais maintenant les astronomes qui étudient les étoiles disent qu'en fait il n'y que 8 planètes ! Alors je n'y comprends plus rien..." répond Toto d'un air désolé....

"Nous allons tout t'expliquer si tu manges tous les bons légumes que j'ai préparés pour le dîner."

A contrecœur, Toto accepte et dès le dîner expédié (surtout les légumes...), il se rappelle au bon souvenir de ses parents.

"D'abord une devinette : qu'est ce qui pèse le plus : une livre de plomb ou une livre de coton Toto?" Questionne maman.

"C'est le plomb !"répond Toto avec assurance.

" Ni l'un ni l'autre parce que ils ont le même POIDS. Par contre, une petite quantité de plomb pèse 500 grammes alors qu'il faut une grosse quantité de coton pour le même poids. On dit alors que le plomb est plus DENSE que le coton : la MASSE du plomb est donc plus GRANDE que celle du coton." explique maman

" C'est pour ça que je me suis trompé parce que j'ai confondu le POIDS et la MASSE !!Mais quel rapport avec Pluton ?" S'exclame Toto.

" Les planètes ont une forme ronde parce qu'elles ont une énorme masse, ce qui est le cas de Pluton. MAIS Pluton n'est PAS une planète. C'est pour ça que maintenant on dit que notre Système Solaire n'a que 8 planètes. Celles-ci orbitent autour du soleil à différentes vitesses parce qu'elles sont attirées par la MASSE du soleil : c'est la GRAVITATION." Intervient alors papa.

"De la même manière, nous marchons à la surface de la Terre parce qu'elle nous attire ! C'est en fait cette attraction que notre poids représente." précise maman

"Mais alors, si Pluton tourne toujours autour du soleil, c'est qu'elle est toujours là ! Alors pourquoi ce n'est pas une planète ?" S'entête le petit garçon.

"Grâce au fantastique télescope HUBBLE orbitant autour de la Terre, les astronomes ont découvert que Pluton flotte dans l'espace, entouré de roches gelées (à 6 milliards de kms du Soleil !).

Or les autres planètes ne sont pas entourées de roches. C'est pour cela que Pluton est maintenant considérée comme une Planète NAINE."

Mais Toto n'est plus là car il a la tête complètement...DANS LES ETOILES !!!!

14. Sauvons les Enfants Soldats !!

Depuis plus d'un quart d'heure, Bob a le nez collé à la vitre du magasin.

Et pour cause ! Devant lui se trouve le jouet idéal : une jeep militaire fonctionnant grâce à une batterie de voiture. Ce véhicule se conduit par un enfant. La jeep est peinte d'un camouflage "jungle"... avec en plus... une tourelle de mitrailleuse !!!"

"Ah ! Te voilà enfin ! Je te cherche depuis plus d'une demi-heure !" dit papa impatient.

"Tu as vu cette jeep papa !? Elle est fantastique tu ne trouves pas ! On dirait une vraie !!!"

"Justement ! Sais-tu que dans certains pays du monde, les enfants utilisent de vrais fusils, de vraies balles et même jusqu'à de vraies bombes !!!"

"Mais enfin papa, c'est juste pour jouer à la guerre et je ne fais rien de mal !!!"proteste Rémi.

"Rémi, dans certains pays, la GUERRE est devenue la VIE de MILLIERS d'ENFANTS !!! Ils

deviennent alors... des ENFANTS SOLDATS !!!"
répond papa

"Mais...mais... ce n'est pas possible !!! Les enfants vont à l'école, puis au collège et souvent à l'Université....Pas à la GUERRE !!!" rétorque le garçon.

"Mon fils, il y a des pays qui sont si pauvres ou en guerre depuis si longtemps que toutes les écoles ont été détruites. Souvent les parents ne sont plus là ou ne peuvent plus s'occuper des enfants.

Alors des adultes arrivent les bras chargés de cadeaux avec de grands sourires. Ils viennent les recruter dans leur armée ou gang, les forment dans leur école où ils deviendront : poseurs de bombes, assassins, espions, soldats ! Ceux qui survivent deviennent des instructeurs ou alors, fuient le plus loin possible..." explique papa visiblement ému.

Rémi se rend compte de la chance de vivre dans notre République !!! Et il s'en va avec son papa sans même un regard sur son "jouet fantastique"...

15. Le Pique-Nique Surprise

Je m'appelle Roy et j'ai 8 ans.

Depuis une semaine la maison est en pleine effervescence ! Le téléphone n'arrête pas de sonner ! Je me demande la raison de toute agitation mais mes parents sont trop occupés à courir partout pour m'expliquer !!!

En fin de semaine, je comprends : ma tante Anna qui étudie en Europe arrive par avion pour des vacances Dimanche matin. Mes tantes ont ainsi eu l'idée de l'emmener rejoindre toute la famille à la mer dès sa descente d'avion Bien sûr, elle ne doit se douter de rien...

Je regarde mes parents planifier cet évènement avec mes oncles et tantes. Il faut savoir quels plats préparer pour le pique-nique. Il faut ensuite préparer le repas, bien tout emballer avec les boissons afin que le transport vers la mer se déroule sans encombre. Pendant qu'une équipe va tout acheminer et organiser la fête sur la plage de Blue Bay située tout près de l'aéroport, d'autres iront accueillir ma tante à l'aéroport.

Il faut un certain temps pour tout organiser et coordonner parce que tout le monde veut aller à l'aéroport. Finalement tout rentre dans l'ordre et la veille, ma mère cuisine jusqu'à tard alors que mon père commence à tout préparer pour le départ tôt le lendemain matin.

Donc nous quittons la maison très tôt à bord d'un van qui se remplit au fur et à mesure que nous passons prendre l'équipe "de la plage". L'ambiance se réchauffe parce que tout le monde bavarde, rit et chante dans un joyeux brouhaha où même les sons d'un tabla accompagné d'un triangle arrivent à se faire entendre !!!

Nous arrivons à destination très vite. Pendant que nous les enfants nous courons dans l'eau sous un soleil magnifique, les hommes débarquent les innombrables bagages ! Leurs compagnes s'empressent d'installer le campement, de servir la nourriture aux délicieuses odeurs, de surveiller les enfants dans la joie et la bonne humeur. .... Lorsque soudain voilà tante Anna !! Enfin, elle est là !!!!!Tout le monde l'embrasse et mes oncles la soulèvent pour la jeter à l'eau sous les éclats de rire et en musique s'il vous plaît !!!!!

Tante Anna sort de l'eau toute trempée riant aux éclats ! Tout le monde est heureux et à mon avis ce BONHEUR N'A PAS DE PRIX....

16. La Cité Dans Les Nuages...

Perchée à presque 3,000 mètres sur le flanc d'une montagne entre deux pics s'étend l'ancienne cité de Machu-Picchu (on ne prononce pas le premier "c" de "Picchu"). Plus de 200 structures de pierres construites en terrasse au 15ème siècle surplombent la Vallée Sacrée où coule le fleuve Urubamba.

Dans la Cordillère des Andes au Pérou, l'empire disparu des incas a laissé au monde cette merveille faite tout en granit. Cette pierre, la plus dure au monde, résiste aux tremblements de terre, inondations...et même au temps !

Justement, la technique inca de construction en pierre stupéfie encore les scientifiques : les incas se servaient d'Andésite, une pierre très dure pour couper le granit. C'était une tâche épuisante et très longue. Ensuite, les ouvriers incas assemblaient des pierres de différentes formes et taille MAIS qui s'emboîtent si parfaitement les unes dans les autres que nul besoin de ciment ni mortier d'aucune sorte ! Il n'y a même pas assez d'espace entre les pierres pour une feuille de papier !

Les incas étaient même des astronomes car ils ont construit à Machu Picchu un observatoire pour observer le Cycle du Soleil (leur principale divinité) en été et en hiver. Des marques repères leur permettaient de mesurer le temps écoulé dans l'année. Les incas utilisaient aussi l'ombre du soleil sur une pierre suivant un alignement très précis avec le soleil pour établir leur calendrier.

Machu Picchu compte également des centaines de terrasses consacrées à l'agriculture. Ces terrasses ont été construites de manière à minimiser les dégâts de l'érosion et glissements de terrain. Mais plus fantastique encore l'irrigation n'y était pas nécessaire ! L'eau des pluies tropicales était ingénieusement récupérée puis répartie entre toutes les terrasses par un système de drainage moderne et efficace !

Mais ce qui rend Machu Picchu unique c'est le paysage à couper le souffle : autour de la cité ce ne sont que falaises à pic vertigineuses transperçant les nuages ! Le silence y est féerique comme si le temps lui-même avait suspendu son vol...

17. La Fête d'Anniversaire de Rita

Aujourd'hui c'est l'anniversaire de Rita et maman veut lui faire une fête surprise ! Très discrètement, elle a invité tous les cousins et cousines ainsi que les camarades de classe de Rita pour cet après-midi !

Le matin, Rita s'en va à l'école sans se douter de rien. Pourtant elle remarque que ses camarades chuchotent sur son passage. Dès qu'elle s'approche, tous s'éloignent en courant. Rita se retrouve toute seule un peu triste...

Pendant ce temps, la maison est devenue une véritable fourmilière car maman a demandé de l'aide aux tantes de Rita pour les préparatifs. Quelques parents sont même gentiment venus l'aider.

Pendant que maman s'occupe de mettre au four un grand gâteau au chocolat, d'autres préparent des « samoussas », en-cas, amuse-gueule et toute une variété d'apéritifs. Un énorme wok rempli à ras bord d'un savoureux mine frit est sur le feu sous l'œil attentif d'un parent.

Le salon lui est méconnaissable ! Les meubles ont été poussés dans les coins. Les murs sont recouverts de papier mousseline colorés, étoiles, serpentins ainsi que le plafond d'où descendent des grosses boules de papier brillantes !

Lorsque Rita revient de l'école......elle s'arrête net en écarquillant les yeux de joie !!!!

Au milieu du salon trône la grande table recouverte d'une nappe colorée avec son lot de verres, boissons, nourriture et surtout le magnifique gâteau, véritable pièce montée à étages ! Sur le mur, à l'arrière, est écrit avec des gros ballons dorés : "JOYEUX ANNIVERSAIRE RITA !". Tous ses amis, cousins et cousines sont là, l'embrassent et la couvrent de cadeaux pendant que joue une joyeuse musique !

Rita est complètement abasourdie et voyant sa mère (qui essuie une larme) court se jeter dans ses bras : "Merci, MILLE MERCIS MAMAN !!!

"Joyeux anniversaire ma chérie !" dit doucement maman. Va t'amuser car la Reine du Jour c'est toi !". Tout le monde, chante, danse et rit.

La fête dure jusqu'à tard dans la nuit. Rita n'oubliera pas de sitôt son anniversaire !!!

18. La Citadelle

Aujourd'hui, ma classe et moi, Jim, allons visiter la Citadelle située sur les hauteurs de Port-Louis. Après avoir traversé l'infernale circulation et la cacophonie de la capitale, nous sommes enveloppés par le silence au fur et à mesure que nous approchons du monument.

Et la voilà qui se dresse devant nous soudain dans toute sa majesté ! Sa taille et surtout ses hautes murailles imposent le respect... et le silence. La grande porte d'entrée métallique grise annonce la couleur : la Citadelle a une vocation militaire. À ce titre, elle est austère et fonctionnelle : ses structures sont rectangulaires, presque brutes. Au milieu se niche une cour intérieure carrée pouvant accueillir 200 hommes en armes !!! Seules les portes en bois vernis tranchent avec la géométrie des pierres noires uniformes de cette Citadelle ou Fort. Mes amis et moi-même sommes irrésistiblement attirés par les canons ! Ceux-ci sont montés sur des rails inclinés afin de pouvoir orienter la portée et la direction de leurs tirs : avec un peu d'imagination, on les entendrait presque expédier leurs boulets sur un bateau ennemi au large !

Le professeur nous apprend que Fort Adelaïde a été bâti selon les plans de Thomas Cunningham de 1834 à 1840. Le Fort a été nommé d'après la Reine Adélaïde, épouse du Roi d'Angleterre Guillaume IV.

Le professeur nous invite ensuite sur la principale attraction de Fort Adelaïde : le chemin de ronde qui parcourt tout le périmètre de la Citadelle. Vu que nous sommes sur une colline à 73 mètres dominant Port-Louis, la vue est imprenable et à elle seule vaut le déplacement ! Il y a même des escaliers de pierre en colimaçon et plein de recoins cachés propices aux embuscades ainsi qu'à la défense du Fort.

Finalement nous quittons la Citadelle pour continuer notre excursion avec une pointe de regret de quitter sa protection et son calme…mais nous nous promettons d'y revenir un jour…

19. Le Cerf-Volant

Ce matin, papa est tout joyeux lorsqu'il annonce à Robin, Rita et Maman : " La famille, j'ai eu une formidable idée. Nous allons tous construire un grand cerf-volant et nous irons le faire voler au jardin dans le jardin de l'Hôtel de Ville !!!!"Son enthousiasme est contagieux et gagne toute la famille : " C'est une idée vraiment géniale Papa ! Bravo !!!" S'écrient en chœur les enfants. Explique-nous comment tu vas faire ?" demandent-ils.

"Heureusement que je garde toujours un grand morceau de papier aluminium doré en réserve. "dit soudain maman "Cela va vous servir à dessiner le gabarit, c'est-à-dire les contours du cerf-volant. Par exemple, vous pouvez dessiner un oiseau multicolore les ailes déployées. Mais attention ! Ne percez surtout pas le papier avec la peinture ! Vous laisserez sécher pour ensuite découper soigneusement le gabarit." explique minutieusement maman.

"D'accord maman !"disent Robin et Rita courant chercher le papier doré pour commencer leur tâche.

Pendant ce temps, papa a ramené deux minces mais très flexibles morceaux de bois chacun d'un mètre. Il croise et colle même les deux bouts de bois en croix tout en demandant à maman de les attacher solidement là où ils se croisent, à leur intersection.

Deux heures plus tard, les enfants reviennent tenant un magnifique gabarit d'un Oiseau du Paradis aux couleurs chatoyantes. Les enfants ont aussi ajouté une longue traîne à la queue du cerf-volant !!!!

"Joli travail d'équipe la famille !!Bravo ! Maintenant attention ! Il faut enduire **délicatement** de colle les bouts de bois. Le but est de fixer le gabarit à l'ossature du cerf-volant. Celui-ci doit être capable de résister au vent pour voler haut dans le ciel." explique papa. Sitôt dit sitôt fait.

Dernière étape : Maman à chaque extrémité du cerf-volant quatre morceaux de ficelle qui se rejoignent. Elle y joint alors une longue ficelle : "Cela, precise-t'elle, permet un meilleur contrôle du cerf-volant."

Vient le moment de vérité : papa et les enfants vont essayer le cerf-volant. Dehors, papa tâte la direction du vent avec un doigt mouillé. Il se met face au vent en tenant le cerf-volant pendant que les enfants tiennent la ficelle à l'autre bout......puis lance le cerf-volant en l'air !!Au début le jouet peine à monter et menace de tomber. Mais les enfants donnent du mou en lâchant la ficelle lentement... Et d'un coup le vent enfle le gabarit ! L'Oiseau de Paradis s'envole en virevoltant dans airs à une telle vitesse que les enfants aidés de papa peinent à le faire atterrir !!!

La famille s'engouffre alors dans la voiture, roulant vers de nouvelles aventures, sans oublier un délicieux panier de pique-nique... et le cerf-volant bien sûr !!!

20. Le Séga Tambour

Située à 560 kms au nord-est de Maurice, l'île Rodrigues est de plus en plus appréciée des visiteurs pour sa beauté naturelle pratiquement vierge de toute pollution. Ainsi que …pour sa douceur de vivre.

Rodrigues a même conquis la reconnaissance internationale pour sa richesse culturelle, notamment pour l'un de ses joyaux : le Séga Tambour.

Cette danse locale illustre parfaitement les spécificités et l'identité du peuple Rodriguais.

Premièrement le mot "tambour" dans le contexte Rodriguais désigne le même instrument que le mot "ravanne" à Maurice mais absolument pas la même manière d'en jouer !

Comparé au Séga Tambour, le rythme musical du séga mauricien est plus lent et moderne. La ravanne est souvent accompagnée d'instruments modernes comme la guitare électrique, le synthétiseur, le violon ou même la flûte entre autres. De plus à Maurice, l'influence asiatique est très présente car l'emploi d'instruments traditionnels indiens comme l'harmonium ou le "le tabla" sont très populaires et appréciés du public.

Rien de cela pour le Séga Tambour ! Les seuls instruments utilisés sont le "tambour", le triangle. ..et l'accordéon ("Cordéon"). Le but des Rodriguais est de préserver à tout prix leur folklore, d'où un **respect strict de la tradition des aînés.** Le mot "tambour" est bien employé car le rythme qu'imprime celui-ci aux danseurs est très rapide, saccadé plein d'énergie…mais empreint d'un profond respect du ou de la partenaire.

Ni la manière de s'habiller et de danser ne peuvent non plus être comparés : les robes décolletées aux hanches et nombril dénudés s'opposent aux longues robes d'une pièce allant jusqu'aux pieds. Tout comme la chemise ouverte du danseur à Maurice s'oppose à la chemise du danseur rodriguais boutonnée jusqu'au col.

Pour danser le Séga Tambour trois à quatre couples se font face : le danseur s'avance et invite une partenaire. Celle-ci accepte et tous deux dansent, virevoltent, s'éloignent pour mieux se rejoindre à coups de hanche saccadés et de pas de danse frénétiques...avant de reprendre leur place remplacés immédiatement par un autre couple ….Sans que la danse ni la musique ne s'arrêtent !

De la différence naît la richesse, naît notre trésor qu'il nous faut préserver à tout prix !

Canevas 1 :

Tu veux raconter à un(e) ami(e) un film / un livre que tu as pour le(a) convaincre de lire / de regarder le même livre / film.

➢ Décris le scénario avec beaucoup de détails sans tout raconter !

- Le lieu (Le continent / pays / ville / village)
- La date (jour / mois/ année / siècle/ passé très lointain)
- Le Titre/sujet/genre du livre /film (ex: aventure/science-fiction/romantique/historique/sportif/policier…)
- Le nom du /des héros et du/des ennemis
- Le scénario et les moments importants / mémorables

➢ Ton opinion / tes sentiments

➢ Ce que le livre / le film t'a apporté et pourquoi tu veux que ton ami fasse comme toi.

Canevas 2 :

À l'occasion de la Journée Mondiale de l'Environnement, ton professeur te demande de choisir quatre à cinq amis (ou amies) pour faire une présentation de 30 minutes minimum sur la protection de l'environnement dans la République.

> ➤ Décris comment tu choisis tes partenaires et comment vous organisez votre travail de groupe :
>
> - Le plan de l'exposé
> - Les sujets dont vous allez parler concernant l'Environnement
> - La recherche d'informations (photos, textes, vidéos) à la bibliothèque, sur internet et même l'aide d'un professeur de science / biologie / informatique
> - La division du travail de groupe
> - Le matériel utilisé : papier, feutres / peinture/crayon couleur, outils informatique
>
> ➤ Le jour de la présentation :

- Le rôle de chaque membre de l'équipe : qui va parler de quel sujet ou s'occuper du matériel

- Comment répondre aux questions des élèves et du professeur ?

- Ce que votre maître pense de votre travail et les points qu'il vous attribue

Canevas 3 :

Pour la fête des mères, tu veux offrir un beau cadeau à ta maman mais tu n'as pas d'argent. Tu as le choix entre :

(1) Faire de petits travaux pour gagner de l'argent : nettoyer les vitres des voisins, nettoyer leur jardin, laver les voitures etc.

> A. Comment organises-tu ton travail (tu fixes un prix par heure ou par type de travail)
>
> B. Ton matériel : outils de jardin ou de bricolage, pinceau, produits ménagers
>
> C. Le nombre de jours où tu travailles : week-end, avant et/ou après l'école
>
> D. La somme que tu réussis à gagner
>
> E. Quel cadeau tu achètes et où tu le trouves.

(2) Tu fabriques un cadeau unique qui vient de toi :

- A. Quelles sont tes idées de cadeau et laquelle tu choisis.

- B. As-tu le savoir-faire ? Sinon à qui demandes-tu de l'aide

- C. Le matériel que tu utilises

- D. Décris avec beaucoup de détails comment tu fabriques ton cadeau ?

➢ Raconte comment réagit ta maman le jour de la fête

Canevas 4 :

Tu as décidé de t'inscrire à des cours de natation.

Explique ce qui te plaît dans ce sport

As-tu déjà un but / un objectif que tu veux atteindre ?

- Si oui, décris-le
- Raconte pourquoi.

➢ Décris comment se passe ton premier cours :

➢ Le lieu :

➢ Les équipements que tu remarques, que tu utilises à la piscine

➢ La piscine elle-même : la couleur / goût de l'eau

- Les explications du moniteur (trice) comment il te guide pour nager
- Le comportement des autres enfants
- Ce que tu ressens / penses

Canevas 5 :

Pendant les vacances, ton cousin / ta cousine t'invite à passer quelques jours dans un petit village au bord de la mer.

- ➢ Décris comment :

    - ▪ Ton voyage vers le village :
        - ◆ Quel moyen de transport tu utilises pour ton voyage

        - ◆ La durée du voyage

        - ◆ Les paysages que tu traverses

- ➢ L'arrivée au village. Décris :

    - ▪ Les rues, les bâtiments, les gens
    - ▪ La mer, la plage, la nature
    - ▪ La maison où habite ton cousin / cousine
    - ▪ L'accueil que tu reçois :
        - ◆ Les plats que prépare ta tante/les moments avec ta famille

        - ◆ Les jeux avec de nouveaux amis à la mer ou dans la nature

- ♦ Les bons souvenirs que tu ramènes chez toi

Canevas 6 :

C'est le soir. Tu dînes tranquillement avec ta famille quand soudain…tout devient noir : c'est une coupure d'électricité ! Dans la chambre d'à côté, bébé se met à pleurer !

➢ Décris :

- Ce que tu ressens
- Ce que tu penses
- Ce que tu décides de faire :
  - Tu ne tentes rien en attendant tes parents
  - Tu essayes de réfléchir à une solution :
  - Tu cherches quelque chose qui peut être utile
  - Tu fais appel à tes souvenirs et ta connaissance de la maison pour tenter de te déplacer malgré l'obscurité
  - Tu cries pour qu'on vienne t'aider

- ♦ Quelles sont les actions de tes parents ?

- ♦ Explique pourquoi et comment ils agissent

- ♦ Même en restant immobile, peux-tu les aider ? Comment ?

Canevas 7 :

Tes parents ont décidé de cultiver un petit jardin derrière la maison

> Décris avec beaucoup de détails :

- Ce que tes parents veulent faire et pourquoi
- Les travaux qu'il y aura à faire
  - Dans quel état est l'arrière-cour
  - Les outils et ustensiles nécessaires
    - Les achats au magasin de bricolage et/ou dans une quincaillerie
  - Explique comment :
  - Tu exécutes ta tâche
  - Les différentes étapes pour faire du jardin une réalité
- Maman fait du jardinage :
  - Quels légumes, fleurs plante t' elle?

- Papa est-il dans le jardin aussi ?

  - Que fait-il et avec quels outils ?

  - Comment la famille entretient-elle son jardin ?

- Qu'arrive-t-il au jardin au bout d'un certain temps ?

- Décris ce que tu ressens

- Que t'apporte le jardinage ?